La Politique Agricole

DE LA RÉPUBLIQUE

Discours prononcé à Blois, le 5 juillet 1908, par M. J. RUAU,
Ministre de l'Agriculture, à l'occasion du deuxième congrès
national du crédit mutuel et de la coopération agricoles

Édition de la " Revue de la Solidarité Sociale "
8, RUE PERNELLE, PARIS

LA POLITIQUE AGRICOLE

DE LA RÉPUBLIQUE

La Politique Agricole

DE LA RÉPUBLIQUE

Discours prononcé à Blois, le 5 juillet 1908, par M. J. RUAU,
Ministre de l'Agriculture, à l'occasion du deuxième congrés
national du crédit mutuel et de la coopération agricoles.

Édition de la " Revue de la Solidarité Sociale "
8, RUE PERNELLE, PARIS

M. Joseph RUAU

MINISTRE DE L'AGRICULTURE

La Politique Agricole

De la République

Discours prononcé à Blois, le 5 juillet 1908, par M. J. RUAU, Ministre de l'Agriculture, à l'occasion du deuxième congrès national du crédit mutuel et de la coopération agricoles.

Messieurs,

Je me sens à la fois profondément ému et encouragé par la belle manifestation agricole à laquelle il m'a été donné d'assister aujourd'hui. On ne pouvait lui choisir un cadre plus digne d'elle que ce fertile département de Loir-et-Cher, que ce coin privilégié de prairies, de forêts et de moissons situé au cœur même du « Jardin de France », où ont fleuri tour à tour l'Histoire, la Poésie et la Beauté. Chacun ici possède la noble passion de la terre et de l'agriculture. C'est à Blois que fut institué, il y a vingt cinq ans, par Tanviray, le modeste et infatigable agronome dont nous venons de célébrer les mérites, l'un des premiers syndicats agricoles de France. Il est donc naturel que la fédération nationale des caisses régionales de crédit agricole mutuel ait songé à la ville de Blois pour y réunir le deuxième congrès national du crédit mutuel et de la coopération agricoles. Je n'ai point à insister sur l'importance des travaux de cette entreprise, ni sur le rôle qu'est appelé à jouer dans l'avenir le vaste groupement professionnel, innovation heureuse et hardie de la Fédération des caisses régionales. Je voudrais seulement saisir l'occasion, unique peut-être, qui m'est offerte en ce moment de parler à des milliers d'agriculteurs républicains dont l'ensemble constitue une élite, pour définir le principe et exprimer le développement de la politique agricole de la troisième République. Je puis dire, en reprenant une parole de Gambetta, qu'il n'y a pas eu de régime avant le nôtre qui ait donné à l'agriculture, « non pas plus de promesses, mais plus de réalisations de promesses ». La République a chassé le spectre de la misère paysanne; elle a effacé de la toile célèbre du primitif le squelette décharné qui conduit la charrue parmi les ronces, les broussailles et les racines enchevêtrées, pour lui substituer la vision reposante de l'enfant robuste et souriant qui pique l'attelage dans le sillon. Elle a sauvé la petite propriété paysanne.

Pour atteindre ce but, elle a mis en œuvre trois idées principales : l'organisation rationnelle de l'enseignement agricole, le développement de la protection douanière et d'une série de mesures de défense en faveur de l'exploitation agricole, enfin l'encouragement illimité de l'association libre.

Par l'enseignement agricole, véritable outil d'émancipation, la République a mis le savoir technique à la portée de la démocratie rurale. Par l'établissement du tarif douanier, elle a arrêté court l'avilissement des prix qui ruinait notre marché agricole. Grâce à l'institution des primes elle a offert à certaines industries menacées par l'existence de droits protecteurs un régime de faveur momentanément nécessaire. Elle a scientifiquement réglementé la police sanitaire des animaux domestiques. Elle a condensé, dans un texte unique, les mesures destinées à la répression des fraudes des produits agricoles et des denrées alimentaires, établissant à la fois la défense de la production, de la consommation et du commerce honnête. Elle a allégé les charges fiscales qui retombent lourdement sur les épaules du paysan. Par ailleurs, elle a fourni aux syndicats agricoles, réservoir d'énergie des efforts individuels de nos agriculteurs luttant contre la crise, les moyens de jouer un rôle capital au point de vue économique et social. Elle a poussé les petits propriétaires, auxquels les syndicats avaient déjà appris les bienfaits de la mutualité de secours et de retraite, à se grouper en une forme d'association supérieure, en coopératives, pour arriver par la production ou la vente en commun à vaincre les difficultés de l'exploitation rationnelle du sol. En instituant les caisses locales et les caisses régionales de crédit agricole, elle a donné aux paysans le crédit à court terme, basé sur la seule valeur morale du débiteur, et aux groupements agricoles la facilité d'obtenir un crédit collectif à long terme. Elle a stimulé l'initiative des agriculteurs par l'établissement des assurances mutuelles qui sont comme une sorte de paratonnerre dressé sur la ferme en prévision de l'orage. Enfin elle a voulu faire profiter la petite propriété rurale de la grande tentative d'hygiène sociale manifestée par la loi des habitations à bon marché, et elle a mis en discussion cette réforme essentielle du bien de famille insaisissable qui sera la garantie suprême de la petite propriété. Ainsi s'est trouvé constitué autour de la petite propriété paysanne un solide ouvrage de défense dans lequel il sera bien difficile désormais de creuser des brèches profondes. Le mérite indiscutable de la République a été de seconder inlassablement les efforts individuels opérés pour élever ce triple rempart scientifique, économique et juridique ; sa récompense est d'avoir ainsi garanti les meilleurs éléments de stabilité, d'ordre et de progrès qui existent dans la nation, de sorte qu'au Gouvernement républicain peut s'appliquer aujourd'hui admirablement le mythe d'Antée qui prenait une force nouvelle chaque fois que ses pieds avaient touché terre.

Messieurs, lorsqu'en 1881 Gambetta créa le ministère de l'agriculture, l'industrie agricole en France traversait une épouvantable période de crise. L'agriculture française était atteinte au plus vif de ses forces matérielles et morales. Ce qu'on est convenu d'appeler « les intérêts d'un pays » s'était retiré de l'industrie agricole et les esprits des agriculteurs eux-mêmes se détachaient de l'agriculture. Sous l'attaque de la concurrence étrangère, facilitée

Création
du Ministère
de l'Agriculture.

par le bon marché et la rapidité des transports, l'agriculture française pliait, visiblement meurtrie et défaillante. Il fallait aviser. Gambetta considéra que la première mesure à adopter était la création d'un ministère de l'agriculture, c'est-à-dire d'une direction gouvernementale autonome pour l'étude du problème agricole. Dans son rapport justificatif au Président de la République, le chef du « grand ministère » ne manqua pas de déclarer « que la situation difficile traversée par l'agriculture française imposait au Gouvernement les plus pressants devoirs », et dans le grand débat où la création du nouveau ministère fut combattue, si non dans son principe du moins dans sa forme, il eut soin de s'appuyer sur la nécessité et sur la popularité de la mesure qu'un simple décret avait mise à exécution. Le ministère de l'agriculture fut donc créé pour attester l'importance que la République attachait à l'agriculture, et le souci légitime qu'elle éprouvait de la souffrance des laborieuses populations rurales. Le parti républicain espérait que l'unité de vues, de direction et d'application d'un département ministériel indépendant aboutirait à trouver tout au moins une solution partielle de la crise agricole. Il avait jugé que cette unité était nécessaire pour l'examen des modifications économiques résultant de la concurrence des pays neufs. Au demeurant, le nouveau ministère arrivait à son heure : il venait au moment où les lois sur l'enseignement agricole, fondé par les hommes de 1848 mais remanié d'une façon complète et définitive au début de la troisième République, pouvaient révéler leur influence bienfaisante. Ce sera, Messieurs, le grand honneur de la troisième République, d'avoir donné à la France les moyens de déchirer la pénombre d'ignorance dans laquelle, vers 1875, elle était encore enveloppée. La pensée la plus absorbante des républicains de 1871, des Goblet, des Gambetta, des Paul Bert, des Ferry, pour ne parler que de ceux qui ne sont plus, fut, au lendemain même de l'Assemblée nationale, d'organiser l'instruction gratuite et obligatoire. Michelet et Edgard Quinet avaient déposé cette idée dans le cerveau d'une génération ardente de disciples, et le germe était si puissant que rien n'eût été capable d'en arrêter l'éclosion.

On aurait pu n'allumer que graduellement sur la France

des lumières vives, éparpillées dans le lointain ; mais les républicains dont je viens de parler voulurent autre chose ; ils voulurent le fanal radieux, éblouissant, qui, du premier coup, projetant sa clarté sur l'horizon infini, fouillant les coins d'ombre, dissipe l'obscurité de la nuit. C'est pourquoi la question de l'enseignement agricole, bien que technique et spéciale, fut avant 1880, si attentivement mise à l'étude. Je me contenterai de signaler en 1875 la création des écoles pratiques d'agriculture et, en 1876, celle de l'institut national agronomique. Ces deux institutions rendirent, dès le début, les plus grands services. Elles formèrent des agriculteurs avertis, armés pour la lutte, et des professeurs qui sont devenus les véritables agents du progrès dans nos campagnes. Dès qu'ils se trouvèrent, en effet, rar   sous la direction d'un ministère autonome, les professeurs d'agriculture furent appelés à être des agents d'information et de renseignements aussi bien pour les agriculteurs que pour l'administration. Ils furent des propagateurs tout indiqués des idées nouvelles, les intermédiaires naturels entre le laboratoire du savant ou le cabinet du législateur et la ferme du paysan. Ils furent en somme, et c'est un rôle dans lequel ils ont su grandir avec les années, des éducateurs de la première heure qui se rallièrent d'eux-mêmes, guidés par l'action républicaine, autour de la petite propriété rurale, pour la défendre. Il faut avouer que la tâche était rude et que, de 1882 à 1892, dans les dix premières années qui suivirent la création du ministère, l'agriculture française traversa de terribles heures d'angoisse. A l'un de ces moments, et pour juger la situation, Jules Ferry parlait « de l'indifférence dédaigneuse, de l'oubli de parti-pris » dans lesquels l'Empire avait laissé l'agriculture. Il faisait justement allusion aux traités de 1860, par lesquels Napoléon III avait, d'un trait de plume, sacrifié notre agriculture à la concurrence étrangère.

Messieurs, le grand mouvement libre-échangiste, dans l'histoire du siècle dernier, date de 1840-1855, époque qui vit prendre un essor chimérique aux principes abstraits et absolus, comme « l'égalité politique » et la « théorie des nationalités ». Le résultat de cet état d'esprit fut une des causes principales qui entraînèrent la signature des

La protection douanière. Les primes.

traités de 1860. A ce moment, nous avions eu une période
assez longue de prospérité industrielle et s'il ne se fût
agi que de notre industrie manufacturière, nous aurions
pu, sans danger, pour employer l'expression anglaise,
« ouvrir à l'oiseau les portes de la cage ». Mais il y avait
notre agriculture qui était loin d'être aussi forte que
notre industrie manufacturière et sur laquelle, à raison
de cette faiblesse relative, devait retomber tout le poids
de la décision impériale. Il ne fallut pas, en effet, de
longues années à la concurrence américaine et indienne
pour déprécier nos produits agricoles et pour détruire
l'équilibre entre le bien-être industriel et le bien-être
rural. Le mal s'accrut de ce fait que pendant la période
heureuse qu'ils venaient de traverser, nos agriculteurs
avaient introduit des cultures intensives imprudentes,
des cultures à gros capitaux. De plus, avec le luxe et
l'aisance, des besoins nouveaux étaient nés dont nos
campagnes elles-mêmes avaient pris leur part. Nous fû-
mes donc forcés de nous apercevoir, après 1870, quand
notre industrie se trouva momentanément abattue par
nos désastres, que l'agriculture française marchait, à
grands pas, vers la ruine. Dès lors, tout l'effort des républicains tendit à constituer un programme agricole de
protection et de défense. Gambetta, Jules Ferry, ont
défini tous deux ce programme dans maints discours,
dans maints débats parlementaires. Ils le fondaient,
l'un et l'autre, sur le perfectionnement de l'enseignement agricole, sur le protectionnisme et sur le crédit
agricole. C'était, tracée par deux grands chefs, la
voie de laquelle la politique agricole de la République
ne devait plus sortir, c'était la preuve que la double
orientation vers la protection douanière et vers les encouragements à l'association libre qui atteint aujourd'hui
son plus haut degré de précision, remonte aux origines
et aux premiers hommes d'État de la troisième République. Une première loi protectionniste fut votée le 29
mars 1885. Elle frappait d'un droit de 3 fr. par quintal
l'importation en France des blés européens, et de 6 fr. 60
l'importation des blés extra-européens. Le droit fut relevé
de 2 fr. par quintal, par la loi du 29 mars 1887, et, sauf
un abaissement occasionnel en 1891 provoqué par une

très mauvaise récolte, on arriva ainsi avec le droit de 5 fr. jusqu'en 1892. A ce moment, un mouvement d'opinion très vif était dessiné en France contre le libre-échange. La viticulture, qui subissait de lourdes charges, demandait à être préservée contre l'envahissement exagéré des vins étrangers. L'agriculture française était à bout de souffle. D'autre part la richesse de notre marché intérieur, la cherté de notre production, le coût élevé de notre main-d'œuvre, notre infériorité sur les matières premières, poussaient notre industrie à se réfugier dans le système protecteur. Les protectionnistes emplissaient le Parlement de leurs doléances ; les moins passionnés d'entre eux invoquaient la réflexion célèbre de Thiers « que les tarifs de douane ne peuvent être immuables, qu'ils sont toujours des digues élevées entre le travail national et le travail étranger et que sans être trop mobiles ils doivent suivre les fluctuations de la production.» Tant d'efforts ne furent pas perdus, et, sous l'impulsion de la commission des douanes dont M. Méline était le président, le 12 janvier 1892, fut institué un tarif général qui remplaçait le régime des traités. La France n'était pas isolée, retranchée derrière une « muraille de Chine », elle était simplement défendue par un système de protection rationnelle contre la concurrence universelle. Cette protection n'a fait d'ailleurs que s'accentuer pour l'agriculture, depuis 1892. Depuis cette époque, nous avons majoré nos droits protecteurs de 25 à 30 p. 100. La mévente du blé fit élever, en 1894, le droit d'entrée à 7 fr. par quintal. La crise viticole amena les relèvements de 1892 et de 1900. Les résultats de ce régime furent rapidement appréciables. En 1900, les statistiques douanières signalaient un excédent d'exportation de produits alimentaires de 100 millions. La face des choses avait bien changé depuis 1884 où l'excédent des importations s'élevait à 441 millions ! A partir de 1900, la crise agricole s'achemine donc vers le dénouement : l'année 1902, avec 212 millions d'excédent d'exportations pansa bien des blessures. En 1907, nous avons récolté pour la consommation de notre marché intérieur plus de 100 millions de quintaux de blé et plus de 70 millions d'hectolitres de vin. On peut donc entrevoir d'une façon précise le terme d'une crise qui avait eu pour résultat d'abaisser en 10 ans, de 1882 à 1892, de 15 p. 100 la valeur du capital foncier, de diminuer de 844 millions le produit brut et de 329 millions le produit net total de l'exploitation agricole.

Messieurs, pour protéger d'une façon raisonnée et méthodique l'agriculture française, il ne suffisait pas cependant de relever les droits de douane. Le gouvernement républicain a eu le soin d'examiner sous toutes ses faces la question complexe de la crise agricole. C'était déjà beaucoup d'avoir fait hausser le prix du blé à 25 et 26 fr. l'hectolitre, mais ce n'était assurément pas tout. Pour remplacer les droits protecteurs sur certains produits, il était nécessaire de créer des encouragements spéciaux, des primes à la culture. C'est ainsi que, pour préserver l'industrie textile et l'industrie de la soie des troubles qu'auraient pu leur causer le jeu des droits protecteurs, furent instituées des primes à la culture du lin et du chanvre et des primes à la sériciculture. On avait établi, en 1897, des primes directes à l'exportation des sucres indigènes, mais ces primes ont été supprimées en 1903 après la convention de Bruxelles. Au demeurant, le système des primes, qui est très onéreux pour le Trésor, n'est institué que pour une période transitoire correspondant au danger plus ou moins durable que peut faire subir le droit de douane à l'industrie menacée pour laquelle on a voulu créer un régime de faveur. C'est le droit de douane, ce n'est pas la prime qui constitue le fondement de notre régime douanier. Aussi bien, Messieurs, ce régime, tel qu'il existe, a-t-il rendu à l'agriculture française les plus signalés services, non seulement en ce qui concerne la production et la consommation intérieure qui, sous son action féconde, se sont développées sans interruption, mais encore en ce qui concerne notre commerce d'exportation qui, par le jeu de la clause de la nation la plus favorisée, a pu échapper, dans beaucoup de cas, aux inconvénients des traités à tendances prohibitives. Cependant des situations économiques nouvelles sont nées du fait de la concurrence internationale, et des modifications profondes se sont produites dans l'orientation générale des marchés, qui nécessitent à l'heure présente un remaniement de tarifs et obligent les pouvoirs publics à examiner les conséquences que cet état de choses peut entraîner, tant pour notre marché intérieur que pour nos relations avec les pays étrangers. De réelles difficultés se sont rencontrées au cours des récentes négociations, en raison des bases sur lesquelles étaient établis les tarifs des nations qui discutaient avec nous et des concessions qui leur étaient permises. Des majorations considérables s'appliquaient à la plupart des articles par rapport aux tarifs anciens. Notre régime douanier a néanmoins permis à nos négociateurs de conclure des tractations dans des conditions relativement avantageuses. Le Parlement a pu se rendre compte, dans plusieurs circonstances, de certaines imperfections des tarifs, et beaucoup de nos collègues ont pensé qu'il serait nécessaire d'effectuer quelques remaniements. Il semble que des dispositions nouvelles puissent être insérées avec avantage dans une nomenclature plus logique, que des spécialisations puissent être établies, conformément à la pratique adoptée par les pays étrangers ; mais, en cette matière, plus qu'en tout autre peut-être, il est indispensable d'agir avec la plus grande circonspection. Si le nombre des articles d'origine agricole n'est pas très grand, il n'en est pas moins vrai que beaucoup d'entre eux représentent pour le pays un intérêt primordial, et que la modification de notre tarif sur chacun de ces points spéciaux peut avoir dans un sens ou dans l'autre, des répercussions dont il est difficile de prévoir l'étendue. Il ne faut pas oublier, d'ailleurs, que c'est aux progrès incessants dans la mise en valeur des produits du sol français, non moins qu'à l'organisation de nos tarifs, qu'est due la prospérité actuelle de notre agriculture nationale.

C'est pour sauvegarder ces intérêts divers qu'il est indispensable de se limiter dans l'établissement de nouvelles spécialisations, tout au moins dans la catégorie des produits agricoles ; on risquerait, par une trop grande précision dans les énonciations tarifaires, de voir un certain nombre de produits échapper au paiement des droits de douane. D'un autre côté, ce serait leurrer les populations rurales que de faire miroiter à leurs yeux des espérances trop vastes ou de laisser s'établir parmi elles ce sentiment que le jeu des tarifs doit suffire, en tout état de cause, à leur assurer l'écoulement rémunérateur des produits du sol. Ce n'est pas, on doit le répéter, par un interventionnisme exagéré que l'on peut remédier aux insuffisances nées d'une situation économique spéciale, mais bien par un système de compensation appropriée, dans lequel il doit être tenu un compte équitable des diverses charges qui grèvent en France la production agricole.

La police sanitaire.

Il est, Messieurs, pour l'agriculture, une autre forme de protection que celle de la protection douanière. Si l'agriculteur a des concurrents au dehors, il possède aussi des ennemis au dedans et il demande à être protégé contre les uns aussi bien que contre les autres. Le plus terrible de ces ennemis est celui qui menace le bétail de la ferme, c'est-à-dire la plus forte part en France du capital d'exploitation agricole, je veux parler des maladies contagieuses. La meilleure preuve que la République s'est vivement préoccupée de cette situation réside dans la date même de la loi du 21 juillet 1881 et dans le caractère scientifique et pratique de cette loi. Un comité consultatif des épizooties veille, au ministère de l'agriculture, à l'application des dispositions relatives à la police sanitaire. On a créé, en 1897, un service central d'inspection sanitaire. Des décrets ont réglé, d'autre part, l'importation et l'exportation des animaux domestiques et des viandes fraîches. L'enseignement vétérinaire français, qui a été l'objet de soins tout particuliers de la part du Gouvernement de la République, s'est acquis un juste renom par les nobles efforts scientifiques qu'il a réalisés pour élucider les points encore obscurs de la médecine des animaux. La théorie de Pasteur que Nocard avait génialement mise à profit est, du reste, celle qui a permis d'établir sur des bases scientifiquement irréprochables l'application de la loi du 1er août 1905 sur la répression des fraudes.

La répression des fraudes.

Ce n'est pas la répression des fraudes que l'on devrait dire ; la loi de 1905, Messieurs, est improprement nommée ; elle devrait s'appeler la loi de l'aliment pur. Codification synthétique de mesures éparses et qui restaient trop souvent sans effet, cette loi est véritablement le bouclier d'airain de la santé publique. Loi d'intérêt public, elle permet, à ce titre, de pénétrer dans le domicile du citoyen, mais elle offre, en revanche, au producteur, le principe libéral de la séparation du prélèvement et de l'analyse, et la garantie de l'expertise contradictoire. Elle protège le consommateur contre le poison des produits sophistiqués, et c'est pour cela que ce sont surtout les aliments de première nécessité, le lait et le vin, qui sont l'objet de fréquentes analyses. Elle protège le commerce honnête, qui a intérêt, pour sa réputation et sa prospérité, à voir arrêter l'écoulement des produits falsifiés. Elle protège enfin l'agriculture française tout entière en cautionnant à l'acheteur étranger l'authenticité, la loyauté, la bonne marque de nos produits alimentaires.

J'en aurais fini, Messieurs, avec cette première partie de ma démonstration, si je ne tenais à compléter l'exposé des moyens de défense, de protection et d'allégement fournis à l'agriculture par la République, en donnant un très bref aperçu de la question fiscale et de ses rapports avec l'agriculture. Je crois que, si l'on veut bien y réfléchir et considérer avec une intention impartiale les charges fiscales qui pèsent sur le paysan français, on en arrive à cette opinion qui est celle d'un économiste contemporain, que l'on doit rejeter les conclusions bizarres et douloureuses auxquelles ont abouti ceux qui voudraient nous faire voir dans l'agriculture « la bête de somme » du budget. Pas plus que le propriétaire rural, l'agriculteur n'abandonne au fisc le quart de son revenu. Les charges fiscales de la population rurale s'élèvent à 756 millions de francs et représentent 10 1/2 p. 100 des revenus de la propriété rurale et de l'agriculture. Il ne faudrait cependant pas pousser l'optimisme à l'excès : même réduits à ces chiffres, les impôts qui pèsent sur l'agriculture sont assez lourds pour mériter d'être considérablement diminués. Le 21 juillet 1897, un dégrèvement direct de 25 millions a été opéré en faveur des petits propriétaires fonciers. A cette diminution s'est ajoutée en 1905 une réduction sérieuse des droits d'enregistrement perçus sur les échanges des parcelles rurales. On ira peut-être encore plus loin de ce côté, en exonérant de tout droit d'enregistrement les ventes d'immeubles ruraux inférieurs à 500 fr. et en dégrevant de un quart ledit droit pour les ventes de 500 à 1.000 fr.

L'allégement
des charges fiscales.

Mais la discussion capitale qui domine actuellement le problème de la réduction des charges fiscales du paysan, c'est celle de l'impôt sur le revenu. C'est de là que sortira pour la démocratie rurale, de même que pour tous les humbles et tous les petits, le premier grand redressement de comptes. Je suis certain d'être compris de tous en affirmant que nul ne s'est montré plus digne du mieux-être qui suivra cette réparation sociale que le cultivateur de la terre française.

Jules Ferry, que je vous demande encore, Messieurs, la permission de citer, car il fut un des plus ardents défenseurs des campagnes, disait, le 12 septembre 1885, dans son discours de Saint-Dié : « J'ai foi dans notre agriculture parce qu'il m'est donné, à des intervalles qui font mieux voir le progrès accompli, de constater ce que peut, au milieu des populations paysannes, cet esprit d'initiative, cette ténacité, ce labeur que rien ne rebute, toutes ces vertus qui constituent la grandeur et le bienfait de la petite propriété ! » Et bien, messieurs, rien n'est exagéré dans cette invocation éloquente au labeur sublime du paysan français. N'oublions pas que c'est lui, l'humble remueur de glèbe, qui a fait la Révolution, 1789 et les Droits de l'Homme. Ecrasé par le despotisme féodal, il a traversé sous l'Ancien régime, tous les cercles de l'enfer. Et cependant il a puisé dans la vitalité extraordinaire de sa race la force de ne pas mourir, et, bien plus, celle de se faire rendre une éclatante justice. Ce sont des siècles de détresse et d'oppression que la nuit du 4 août a fait oublier ! Le paysan était donc entré après 1789, libre et fier, dans la société nouvelle. Mais il n'avait pas fini de souffrir. La crise agricole qui s'est ouverte vers 1872 et qui a duré près de 30 ans est un des malaises les plus graves, une des plaies sociales les plus profondes qui se soient jamais abattues sur un coin de l'humanité. L'effondrement fut d'autant plus désastreux que l'on tombait subitement de la prospérité dans la plus noire misère. Ici encore il a fallu au paysan de France, comme avant 1789, des forces inconnues et mystérieuses dans une âme d'acier trempé, pour résister à la tourmente. Ressources merveilleuses d'une race, puissance incomparable du génie français ! Quelle est

donc la richesse inconnue, inépuisable, de ce sol qui a vu
naître des intelligences ouvertes sur l'humanité tout entière, qui a suscité des héroïsmes qui sont par eux-mêmes, le symbole de la gloire ! Des bords verdoyants de
la Moselle où paissent les troupeaux de génisses, des coteaux boisés et des plaines fertiles de la Lorraine aux
forêts de la Loire, aux guérets féconds, fumant sous les
rosées de l'aurore, du Blaisois et de la Touraine, des
prairies normandes et des grèves d'Armor aux oliviers de
la Provence, poudrée par le mistral, aux vignes du Nar-
bonnais et aux champs de blé des rives de la Garonne,
courbés par les autans, partout c'est la même France im-
périssable, toujours prête à humer le souffle du renou-
veau. Les hommes les plus divers qu'elle fait naître, fils
des races autochtones ou descendants des peuples en-
vahisseurs, puisent dans la terre commune les mêmes
qualités de patience, de sobriété, d'économie, de courage,
d'énergie, de bon sens, de clairvoyance, de finesse et
d'amour de la nature qui ont fait de notre peuple l'un des
plus grands peuples du monde. Il est beau de pouvoir
affirmer que la France paysanne a toujours su trouver en
elle des énergies accumulées « dans les profondeurs silen-
cieuses », pour résister à toutes les catastrophes ; qu'elle
a été la France de la Révolution, et qu'elle demeure la
France républicaine que rien n'arrêtera plus dans sa
marche grandiose vers le progrès !

∴

Messieurs, la politique de protection de l'agriculture,
inaugurée par la République, et dont je viens d'essayer
de vous donner un aperçu n'aurait pas suffi à sauver la
petite propriété de la crise agricole. Elle a eu besoin
d'être complétée par une admirable série d'efforts individuels unis dans l'association libre. Sur toute la surface
du territoire se sont dressées des collectivités d'agriculteurs, groupés par les mêmes besoins et puisant leur
force dans l'union d'intérêts communs. L'on s'est trouvé
ainsi en présence d'une magnifique coopération d'efforts
publics et d'efforts privés, grâce à laquelle un progrès
considérable a pu être accompli non seulement en agriculture, mais encore dans l'ordre économique et social.
La grande propriété se suffisait à elle-même. Elle avait la

L'association libre
en agriculture

possibilité d'user du machinisme agricole, de disposer de plus de crédit, de plus de capitaux, et de faire plus de dépenses pour la terre. On aurait même pu croire, à cause de ces avantages primordiaux, et c'est là, Messieurs, l'erreur d'une certaine École d'économie politique, que la grande propriété allait absorber la petite. Le phénomène de concentration qui, à la fin du dix-neuvième siècle, s'était révélé dans l'industrie avec une si remarquable intensité, ne s'était pas aussi profondément manifesté en agriculture. Les découvertes scientifiques, cause de l'accroissement de la production, et par là même du mouvement de concentration, s'étaient bien donné carrière dans l'agriculture comme ailleurs ; les découvertes des lois de la production végétale, loi de restitution, principe des alternances, avaient bien permis d'établir la « statique » du sol par des engrais organiques et minéraux, par des amendements, par des combinaisons de cultures épuisantes et de cultures améliorantes, la productivité et les rendements agricoles stimulés de plus par l'emploi du machinisme avaient bien été doublés du fait de ces nouveaux procédés ; la production du blé dans le monde était même passée, en trente ans, de 500 millions d'hectolitres à 1 milliard 500 millions ; et le résultat général de cette transformation avait pu être une pénétration réciproque de l'industrie et de l'agriculture et une spécialisation des cultures facilitée par les modes nouveaux de transport. Mais à aucun degré, la concentration industrielle n'avait influé sur l'agriculture. Et cela, l'immense majorité des économistes est d'accord pour le reconnaître aujourd'hui. Dans un rapport pour l'Exposition de 1900, M. Chevalier résumait ainsi une vaste enquête qu'il avait entreprise sur la question : « la propriété à l'heure actuelle, n'a une tendance ni à s'émietter, ni à se constituer en grands domaines. » A aucun degré, non plus, la concentration financière n'a influé sur l'agriculture pour y déterminer un régime de culture intensive capable de concentrer sur la même superficie, peut-être réduite, une quantité croissante de capitaux et de main-d'œuvre, et tendant à remplacer dans la production agricole, aussi bien que dans la production industrielle, les petits producteurs indépendants par des salariés. Il est impossible hélas ! de donner des preuves d'un reflux anormal en ces dernières années des capitaux et des travailleurs vers les campagnes. Les deux bras du dilemme dans lequel, en 1897, au cours de la discussion mémorable instituée au Parlement sur la crise agricole, on essayait d'enfermer la petite propriété « ou la ruine, ou l'absorption, soit par la grande propriété, soit par les entreprises financières » sont brisés par les constatations actuelles. La petite propriété n'est pas « entrée en agonie, dans le vaste déchaînement de la production universelle. » Elle ne s'est jamais trouvée menacée dans son principe par l'ouragan de la concentration et rien n'a fait présager pour le paysan une évolution semblable à celle que nous avons redoutée pour l'artisan, savoir : la dépendance croissante vis-à-vis du capitaliste et l'événement d'une sorte de fabrique collective rurale. Mais si la petite propriété n'a rien à craindre pour le principe même de son existence, cela ne veut pas dire qu'elle n'ait été obligée de vaincre, par suite du bouleversement des conditions de la productivité universelle, de redoutables dangers. Ces dangers se sont incarnés en un seul qui les a résumés tous, et qui s'appelle la crise agricole. Pour échapper au péril auquel ses forces limitées ne pouvaient guère opposer de résistance, la petite propriété a dû être puissamment aidée. J'ai dit que la République l'a secourue par l'organisation d'une protection rationnelle et étendue ; j'insiste pour affirmer qu'elle l'a sauvée, surtout en encourageant l'association libre à lui fournir d'admirables moyens de défense. Et de la vertu que je prête, en cette matière, à l'association libre il n'y a pas, je crois, à s'étonner. On a dit que c'est grâce à l'association que les hommes d'autrefois ont pu élever les murs cyclopéens et les pyramides d'Egypte, ou ébranler les galères à quatre rangs de rames. Ce n'était là cependant encore que l'association involontaire et obligatoire. A ce compte, nous ignorons l'infini de puissance de l'association libre, volontaire, et consciente d'elle-même, et nous pouvons dire, comme Taine : « Bourgeon dans un Laobab, je multiplie mes faibles puissances par l'immensité des puissances collectives. »

Messieurs, la forme d'association qui, dans l'agriculture d'aujourd'hui, domine toutes les autres, est celle du syndicat agricole. On a pu déclarer justement que, par le syndicat, « c'est la population agricole tout entière qui est entrée dans les cadres de l'association en solidarisant ses intérêts et en créant une organisation propre à les servir.

Les institutions comme les lois qui viennent donner satisfaction aux besoins de la société ne naissent jamais spontanément. Elles ont leurs racines dans le passé, et leur histoire nous les montre souvent précédées de tentatives isolées et d'essais partiels hasardés par des hommes d'initiative. C'est ainsi qu'en France il existait, de vieille date, des sociétés d'agriculture, et, depuis 1830, des comices agricoles où une élite assez restreinte d'agriculteurs exerçait une sorte de patronage académique. De véritables syndicats, des groupements professionnels, furent organisés lès 1880, pour lutter contre les maladies cryptogamiques, contre la fraude des engrais et des semences. En 1883, Tanviray forma entre les agriculteurs du Loir-et-Cher une association syndicale ayant pour but d'acheter en commun toutes les matières premières utiles à l'agriculture et spécialement des engrais chimiques. L'entreprise réussit si bien que les grandes sociétés d'agriculture s'empressèrent de suivre l'exemple qui venait de leur être donné ; des syndicats naquirent dans le Loiret, dans la Vaucluse, dans la Drôme, dans le Jura. Toutes ces associations vivaient en marge de notre législation, lorsque la loi du 21 Mars 1884 vint leur offrir la possibilité de se constituer sous un régime légal. Le législateur de 1884 n'avait pas exclu de la loi du 21 Mars les syndicats agricoles, mais il ne les y avait pas non plus insérés. M. Oudet, un peu par surprise, fit ajouter les mots : « et agricoles » aux articles 3 et 5 de la loi, et c'est de ce modeste amendement qu'est sortie la vaste organisation des syndicats agricoles. On aurait bien étonné M. Tolain, le rapporteur de la loi de 1884, si on lui avait dit, lorsqu'il laissa passer l'amendement Oudet, qu'il existerait en 1908, 4, 000 syndicats agricoles groupant près de un million de chefs de culture. Mais ce qu'il y a de plus intéressant dans ce développement rapide et inattendu, c'est qu'il correspond à l'augmentation des services que les syndicats ont rendus, de plus en plus nombreux, à l'agriculture française. On a ramené l'initiative des syndicats agricoles à deux ordres de services par lesquels ils ont résumé leur but de défense de l'industrie agricole : les services d'ordre matériel rendus à l'exploitation du sol, plus spécialement en ce qui concerne la petite propriété ; les services économiques et sociaux rendus aux populations rurales.

Les syndicats se livrèrent d'abord à l'achat en commun des matières fertilisantes. En cela ils servirent immédiatement les intérêts du petit cultivateur qui, jusque-là, livré à lui-même, isolé, n'employant que de faibles quantités, était obligé de subir les hauts prix du commerce de détail et demeurait sans défense contre la fraude. Le syndicat plaça, dans des conditions identiques pour l'achat d'engrais, le grand et le petit cultivateur de la même commune. Tous les deux se trouvèrent bénéficier au même titre des réductions consenties par le commerce en gros et par les compagnies de transport. Après les engrais, les syndicats fournirent à leurs adhérents des semences, toutes les matières premières avantageuses à acheter en commun ; ils mirent à leur disposition, ce qui leur donna un caractère d'utilité permanente, des machines agricoles et des instruments aratoires perfectionnés. Les syndicats viticoles instituèrent des cours de greffage, des champs d'expériences, ils fournirent des greffes et des greffeurs, ouvrirent des laboratoires, plantèrent des pépinières. D'une façon générale, les syndicats s'appliquèrent à faire connaître les meilleures méthodes de culture, les applications scientifiques intéressantes, la sélection raisonnée et l'alimentation rationnelle pour l'amélioration du bétail.

Mais après avoir rendu justice à ce rôle technique des syndicats agricoles, il faut élever la question. Le syndicat, en prenant l'intérêt du paysan, avait gagné sa confiance et, du même coup, il lui avait fait comprendre l'utilité de l'association. Les bienfaits de la solidarité professionnelle avaient formé, vis-à-vis des populations rurales, autant de stimulants à la compréhension de cette morale supérieure dont M. Durkheim a formulé le principe en disant : « La morale commence là où commence l'attachement à un groupe, quel qu'il soit. »

C'est ce que M. Léon Bourgeois avait résumé en ces termes : « L'homme isolé n'existe pas. » Les syndicats agricoles avaient donc là, grâce au progrès naturel de leur développement, un noble rôle à jouer ; ils n'ont pas failli à leur tâche et ils ont su se révéler, dans le cadre si souple de la loi de 1884, comme un instrument excellent de l'amélioration de la condition morale et sociale des paysans. Il faut dire que la République ne leur a épargné aucun encouragement, ni aucune marque de confiance. Elle a fondé sur eux, par la loi de 1894, le crédit agricole mutuel ; elle a permis aux sociétés d'assurances mutuelles agricoles de la loi de 1900 de se constituer, sans frais, en la forme de syndicats agricoles ; enfin, elle a mis à la disposition du syndicat la loi du 1er avril 1898 sur les sociétés de secours mutuels. Peut-on imaginer un champ d'action plus fécond ! Pour travailler avec plus d'efficacité, les syndicats commencèrent par modifier l'étendue de leur groupement. Ils s'étaient, au début, constitués en groupements régionaux qui embrassaient un département tout entier. Cette organisation qui était bonne peut-être pour l'achat en commun des engrais et des appareils perfectionnés, était défectueuse au point de vue de la cohésion, de la confiance réciproque des syndiqués. Dans un syndicat d'un millier de membres, les paysans considéraient le groupement comme un cénacle de personnalités dirigeantes, placé bien au dessus d'eux, présidant de loin à leurs travaux, chargé de distribuer les faveurs, les encouragements et les services. On modifia donc cet état de choses et les syndicats agricoles se créèrent sous forme de syndicats communaux et cantonaux. C'était le principe de la formation par en bas qui était substitué à celui de la formation par en haut. Les syndiqués furent désormais des gens se connaissant bien, du même terroir, ayant des intérêts identiques et des origines communes. Il fut beaucoup plus facile de développer avec eux ces sociétés de crédit mutuel et d'assurance mutuelle qu'il aurait été peut-être malaisé d'organiser avec les centaines de membres des syndicats régionaux, et il fut possible de créer les œuvres d'assistance et de prévoyance des sociétés de secours mutuels. Dans le Loiret, dans la Charente-Inférieure, dans les Alpes-Maritimes, dans le Lot-et-Garonne, dans la Marne, dans le Tarn, les syndicats agricoles ont organisé le secours de maladie, quelques-uns même, en admettant, ce qui est un coup d'audace au point de vue mutualiste, la femme dans la mutualité. Cent cinquante syndicats ont fondé des caisses de retraites, quelques-uns ont fondé des caisses de chômage. Ainsi s'est trouvée complétée dans un certain milieu, par l'initiative privée des syndicats, l'œuvre d'assistance et de prévoyance que la République a voulu accomplir en faveur de la démocratie rurale par les lois de l'assistance médicale gratuite, de l'assistance obligatoire aux vieillards, par la loi des sociétés de secours mutuels, et celle qui a organisé la caisse nationale des retraites pour la vieillesse. Vous connaissez tous, je ne fais que le signaler en passant, le grand projet de loi sur les retraites ouvrières et paysannes qui, voté par la Chambre, est actuellement à l'étude au Sénat.

Par cette diversité des attributions que je viens d'analyser, vous avez pu, Messieurs, vous rendre compte que le syndicat agricole, « chef-d'œuvre de la sociologie », « âme du peuple rural, » apparaît bien aujourd'hui comme la condition indispensable d'existence et l'instrument de transformation de la petite propriété paysanne. Comme l'a fait si justement observer notre ami M. Mabilleau, il est pénétré aujourd'hui par l'esprit des humbles. Le syndicat agricole cependant vient d'être menacé dans l'essence même de son organisation. La Cour de Cassation a confirmé, le 25 mai dernier, un arrêt de la cour de Nancy qui met en doute la validité juridique de toutes les opérations qu'ont l'habitude de faire les syndicats agricoles. Le gouvernement républicain n'a pas voulu que cet état d'incertitude, funeste à la démocratie rurale, durât plus longtemps, et a déposé, le 19 juin, un projet qui contient, avec droit d'achat et de vente, toutes les dispositions appropriées à la situation de fait des syndicats agricoles.

Messieurs, j'en ai fini avec le syndicat agricole ; vous avez la preuve qu'il est « le levier du relèvement de la propriété rurale et de son ascension à un état plus prospère. » Mais vous allez encore mieux vous rendre compte de la puissance de son rayonnement en constatant qu'il est encore et toujours à la base de ces institutions de progrès : coopératives, sociétés de crédit mutuel, sociétés d'assurances mutuelles, que nous allons maintenant examiner.

On peut distinguer trois catégories de coopératives agricoles : les coopératives de production, de transformation et de vente, les coopératives mixtes de consommation et de vente, et les coopératives de consommation. C'est bien le syndicat qui, soit directement par ses propres moyens, soit indirectement par son initiative et son appui, a ouvert aux paysans peu familiarisés avec les bienfaits de la suppression de l'intermédiaire et de l'abolition du profit, ces trois voies du progrès agricole. La première catégorie comprend les laiteries, les beurreries, les caves coopératives : en tout, un nombre de 400 coopératives. Dans ce chiffre figurent, les 112 laiteries des Charentes qui ont fabriqué, en 1907, 11 millions de kilogrammes de beurre. La seconde catégorie comprend surtout des filiales des sociétés de consommation ; la troisième, qui est la plus importante, comprend la coopérative d'achat d'engrais, de matières alimentaires pour le bétail, de produits pour la viticulture, la coopérative d'acquisition et de location d'instruments agricoles.

Quelques syndicats agricoles ont organisé des coopératives de cette catégorie ; en plus, en dehors d'eux, il en existe 500 environ. L'organisation de ces groupements divers a rendu les plus grands services. Au point de vue technique, la coopérative a démontré aux paysans combien la prospérité de l'agriculture est subordonnée au problème de l'organisation de la production ou de la vente en commun des produits agricoles. Au point de vue social, l'effet a été plus grand encore. La coopération, en effet, est supérieure dans ses effets moraux et sociaux à la simple mutualité. Des agriculteurs qui suppriment l'intermédiaire et s'associent pour l'achat de machines agricoles, d'instruments aratoires, de bestiaux par exemple, se sentent liés plus étroitement que s'ils se contentaient de verser dans une caisse commune des fonds destinés à les indemniser de la perte de leur bétail. Il y a là une mise en commun d'efforts, d'intérêts, pour ainsi dire, un contract collectif. Une coopérative de production constitue, en quelque sorte, le terme idéal de l'association, celui où l'on agit ensemble pour une fin profitable à tous les participants, celui où, par l'organisation méthodique de la vente, est assurée au producteur la valeur intégrale de son travail. C'est pour reconnaitre l'importance des coopératives agricoles que le Gouvernement républicain a édicté en leur faveur une première mesure législative spéciale. Le développement de ces associations était, en effet, entravé par la difficulté de se procurer à bon compte des sommes importantes. La loi du 29 décembre 1906 a supprimé cette difficulté en autorisant les caisses régionales de crédit agricole à faire aux coopératives pour une période de vingt-cinq ans, des avances égales au double de leur capital versé. Cette loi qui organise ainsi le crédit collectif à long terme à côté du crédit individuel à court terme est le meilleur gage du développement prospère des coopératives agricoles. Elles pourront s'établir d'une façon irréprochable, imposer leurs produits à la confiance de l'acheteur et devenir les meilleurs agents de moralisation du commerce moderne.

Messieurs, le crédit individuel agricole auquel je viens de faire allusion est ce crédit agricole tout court que vous avez vu se répandre de tous côtés, partout autour de vous, dans les campagnes. Les premiers essais de ce crédit remontent à 1884 ; à cette époque, le syndicat agricole de Poligny entreprit de constituer, sous la forme d'une société anonyme à capital variable, une « caisse de crédit ». D'autres syndicats fondèrent des caisses rurales sur le modèle des « Raffeisen » ou des « caisses coopératives agricoles » du type Schulze-Delitsch. Mais toutes ces tentatives, greffées sur les syndicats, n'avaient eu qu'un assez médiocre développement jusqu'à la loi du 5 novembre 1894 qui a eu pour objet de permettre aux agriculteurs, membres d'une caisse locale, d'obtenir, sur simple signature, à un intérêt minime, des avances de fonds pour tous les besoins de leur profession. Les membres d'un syndicat, ceux d'une mutuelle agricole, peuvent s'organiser en société de crédit, et fonder avec leurs souscriptions et la subvention de l'Etat une « caisse locale. » Tout syndicat agricole, et toute mutuelle agricole, depuis la loi du 18 janvier 1908, peuvent créer une caisse de Crédit agricole.

Le crédit agricole.

Le premier caractère du crédit agricole est donc d'être un crédit exclusivement personnel. Par là est révélé le caractère démocratique d'une réforme ayant pour but de venir en aide aux petits exploitants, dont 'es ressources sont limitées, mais dont l'honnêteté et les qualités professionnelles sont connues. Par là aussi apparait le souci d'encourager le développement de la petite propriété paysanne ; le cultivateur, qui ne consentirait pas à hypothéquer son bien pour emprunter de quoi l'exploiter d'une façon rationnelle, peut trouver des fonds à la caisse locale. De même, celui qu'un événement imprévu : gelée, mauvaise récolte, fluctuation des cours, met dans la gêne, sait où aller chercher, s'il le veut bien, les moyens de « voir venir ». Le second caractère du crédit agricole est d'être un crédit à court terme, sauf en ce qui concerne, ainsi que nous l'avons déjà montré, les coopératives. Au reste, je dois préciser ici qu'il est question d'étendre aux individus la facilité du crédit à long terme. Un projet de loi sera déposé à bref délai pour régler cette importante innovation. Il s'agit de procurer au paysan les moyens de soulever le poids de la dette hypothécaire qui l'écrase et d'acquérir, grâce à un crédit approprié, des parcelles de terre menacées de rester définitivement stériles. Le remembrement et la consolidation de la petite propriété rurale seraient la conséquence directe d'une réforme conçue dans cet esprit....

Enfin le crédit agricole possède ce troisième caractère d'être un crédit à bon marché, et c'est ici qu'intervient le compte de toutes les faveurs que la République a prodiguées au crédit agricole. En 1895, les caisses d'épargne ont été autorisées à consentir des prêts aux sociétés de crédit mutuel agricole ; en 1899, sont créées avec une donation de 40 millions et la garantie d'une redevance annuelle fournie par la Banque de France, les caisses régionales destinées à escompter les effets souscrits par les membres des caisses locales ; en 1906, peu de temps après la réorganisation du warrant agricole, est institué le crédit collectif à long terme ; en 1908, les mutuelles agricoles sont assimilées aux syndicats, en ce qui concerne le crédit agricole. Cette énumération se passe de commentaires ; elle suffit à expliquer le prodigieux développement qu'est en train d'acquérir notre crédit agricole. Nous comptons aujourd'hui 92 caisses régionales, 2,125 caisses locales, grâce auxquelles 320 millions ont été prêtés au paysan français. Je souhaite que la jeune, mais déjà vaillante Fédération nationale des caisses régionales, donne une impulsion encore plus vive aux progrès du crédit agricole, je le souhaite pour le plus grand bien du monde rural et dans l'intérêt de la démocratie.

Du crédit agricole, et par une transition toute naturelle, il fallait passer à l'assurance pour garantir le cultivateur contre les risques professionnels et assurer la conservation du gage. L'assurance protège en effet le cultivateur contre la mortalité du bétail, les incendies, la grêle et les autres fléaux de l'agriculture, Jusqu'en 1898, aucun encouragement n'avait été donné aux mutuelles, qui, à la fin de 1897, étaient au nombre de 1,484. Dans le budget de l'exercice 1898, fut inscrit un crédit de 500,000 francs, destiné à subventionner les mutuelles. Les subventions avaient provoqué la création d'un assez grand nombre de sociétés, lorsque les difficultés légales amenées par des controverses sur l'application aux mutuelles de la loi du 22 mars 1884 menacèrent d'arrêter l'essor de ces sociétés. La loi du 4 juillet 1900 fut alors promulguée pour régler d'une façon définitive la situation des mutuelles agricoles. Le fonds de subvention fut porté à 600,000 francs. Il est aujourd'hui de 1,200,000 francs, et il existe 8,700 mutuelles agricoles. On a déjà établi de nombreuses caisses du second degré, soit comme caisses de réassurance, soit comme organes de répartition d'un fonds commun de secours. Il est question de créer une caisse centrale pour réassurer les caisses régionales du second degré. Le secret de ce développement merveilleux de la mutuelle agricole réside, sans nul doute, dans la simplicité de son mécanisme. Il n'y a ni frais, ni formalités pour la fonder et le jeu des subventions de premier établissement et de pertes exceptionnelles la préserve contre les catastrophes prématurées. La loi de 1908 a fait des mutuelles, pour le crédit agricole, un élément nouveau et sûr. Elles ne peuvent donc que gagner, de plus en plus, l'opinion agricole à la cause de la solidarité, car elles apparaissent comme une des

Les assurances mutuelles agricoles.

initiatives de libre prévoyance les plus heureuses, les plus justement encouragées, pour le salut et la garantie de la petite propriété rurale.

.·.

La République et la petite propriété.

Tel est, Messieurs, résumé dans ses points essentiels et d'après ses idées directrices, le programme agricole de la République. Montesquieu a écrit que « le commencement de la sagesse pour un peuple libre est de ne toucher à la machine des lois que d'une main tremblante ». Il aurait pu ajouter que le devoir d'une démocratie organisée est de faire de la loi l'instrument pacifique du progrès social. Nous venons de le constater, la République n'a pas failli à ce devoir en ce qui concerne l'agriculture. Tous ses efforts ont tendu, soit dans sa politique de protection directe, soit dans sa tactique d'encouragement de l'association libre, à la sauvegarder de la petite propriété. Or, ce n'est que dans la petite propriété que l'on doit aller, chez nous, chercher la solution du problème social. Les populations des campagnes sont la vraie souche de la société française. Ce sont elles qui ont fait nos mœurs, ce sont elles qui ont fait de la France un pays libre, un pays d'épargne et de labeur honnête sans rival dans le Monde. C'est pour cela que la lutte autour d'elle est si âpre et si acharnée, entre ceux qui songent à détruire la société pour la rebâtir et ceux qui veulent aller vers le mieux en suivant l'évolution, lente mais sûre, des forces du progrès. Pour couronner son œuvre, la République a encore à créer ce bien de famille insaisissable, indivisible, presque inaliénable et échappant à l'hypothèque, dont la Chambre a voté l'institution en 1907, mais que le Sénat garde encore à l'étude. Avec lui, ce serait le paysan définitivement rattaché à la terre, ce serait « le nid de la jeune famille et la protection des berceaux futurs ». Ce serait la diffusion de la petite propriété entre les mains des salariés agricoles privés encore d'une chaumière et d'un lopin de terre, ce serait la petite épargne française dirigée vers l'agriculture, vers une agriculture capable de lui donner tout ce qu'elle est en droit d'attendre d'elle. La réforme du bien de famille est, pour ces divers motifs, de la plus haute portée sociale. Complété par la loi sur les habitations à bon marché qui étendrait ses bienfaits sur la petite propriété rurale, le bien de famille serait, au faite de la politique agricole, le palliatif le plus sérieux que l'on ait encore jamais conçu de la lutte pour la vie et des inégalités sociales. Messieurs, trente ans de courageux efforts on fait justice de ces théories arbitraires qui, aux deux pôles de l'Économie politique, proclamaient la fin de la petite propriété. Du côté des économistes outranciers, Molinari avait dit : « Les jours de l'agriculture individuelle sont comptés », et du côté des collectivistes, Karl Marx avait déclaré : « La petite propriété crée une classe de barbares vivant à moitié en dehors de la société, soumis à toute l'imperfection des classes sociales primitives et à tous les maux et à toutes les misères des pays civilisés. » Après Karl Marx, Engels avait réfuté les socialistes agraires, partisans de la petite propriété, à condition qu'elle appartienne à celui qui la cultive, en disant : « Votre tentative de protéger le petit paysan dans sa propriété ne protège pas sa liberté, mais simplement la forme spéciale de sa servitude; elle prolonge une situation dans laquelle il ne peut ni vivre, ni mourir. » De part et d'autre, opinions préconçues nées de la hantise d'un système! La leçon des faits est venue clairement les contredire, de l'aveu même de certains individualistes, comme de Foville, de certains socialistes comme Kautsky. Et la petite propriétée demeure, échappée de la crise agricole, représentation vivante et saine de la tendance économique qui produit l'accroissement du bienêtre des masses !

Aussi bien ne serait-elle que le foyer séculaire dans lequel a resplendi, dans ces dernières années, la flamme pure de la solidarité qu'il faudrait encore la placer au cœur des institutions sociales. N'oublions pas que c'est dans le monde de la propriété rurale que par un magnifique élan d'altruisme les forts se sont mis au service des faibles. La démocratie paysanne a pris conscience de sa force, son âme s'est dégagée de toutes les superstitions du passé, elle s'est ouverte au sentiment d'une vie nouvelle. Cet individualisme borné et farouche du paysan qui, suivant une belle formule, inscrivait dans le cadre exigu de sa vie même les étoiles se levant et se couchant derrière la ligne mouvante des coteaux, s'efface graduellement tous les jours. Les souffles des forces économiques, sociales et humaines sont passés sur les champs de blé, et les brises de l'aurore et celles du crépuscule les rappellent encore parfois dans leurs frémissements, C'est le glas de l'individualisme et non plus seulement la chanson berceuse qui tombe des clochers rustiques. Le paysan aime encore la terre pour lui-même, parce qu'il y a mis et parce que ses aïeux y ont mis avant lui le meilleur des vertus de l'homme, mais il l'aime aussi pour ceux qui d'un même labeur la fécondent comme lui. Il continue d'ignorer la poursuite de la chimère, et s'il évoque parfois dans un songe une « cité future », ce n'est pas pour bâtir les palais des fées sur les nuages, c'est pour édifier sur le sol natal sa petite maison de brique tournée vers le soleil levant. Mais dans son rêve il fait place aussi, depuis que s'est éveillée en lui la conscience du devoir social, sans haine et sans envie, à la demeure voisine de ceux qui, comme lui, peinent dans le présent. Le temps n'est plus où Schopenhauer pouvait jeter à la masse, ignorante et égoïste, cette amère apostrophe : « Un jour j'avais besoin d'un homme ; à la vérité, je ne voulais qu'un fantôme. » Il n'est pas de plus humble sillon qui n'ait été réchauffé par un rayon d'idéal.